Oberes Priental

Sachrang • Aschau • Frasdorf

Fotos: Josef Reiter
Texte: Rupert Wörndl

ChiemgauerVerlagshaus

Oberes Priental

Sachrang • Aschau • Frasdorf

Impressum:

Dahlienweg 5
83254 Breitbrunn am Chiemsee

ISBN Nr. 978-3-945292-35-8

Erschienen im Chiemgauer Verlagshaus
www.chiemgauerverlagshaus.de
Inhaber: Maximilian Scheibmair

Fotos: Alle Farbfotos in diesem Bildband stammen
von Josef Reiter aus Aschau im Chiemgau
www.foto-chiemgau.de
Schwarz-weiß-Bilder wurden aus dem Archiv der Familie
Rosi und Therese Reiter zur Verfügung gestellt.

Texte: Rupert Wörndl, Frasdorf

Gestaltung: Maximilian und Sabine Scheibmair

Inhalt

Frasdorf, Bayr. Alpen

Aschau bei Prien

Gruss aus Sachrang
Verlag von M. Hauch, Aschau

Vorwort

Sachrang, Aschau und Frasdorf haben mit Sicherheit mehr zu bieten, als dass man es in diesem Buch auch nur annähernd unterbringen könnte. Das ist auch nicht unser Ziel, sondern es soll vielmehr ein kleines Werk sein, das die Entwicklung und die Schönheiten unserer Heimat ein wenig widerspiegelt. Garniert mit ein paar zum Teil sehr alten Aufnahmen, aus einer Zeit, als im oberen Priental noch fast jeder jeden kannte. Meine Großtante, geboren 1904, sagte immer: „Mei, wia ma s‘ Liacht kriagt ham„ … (gemeint war der Strom). Also eine Zeit, an die sich, wie ich glaube, nur die ganz alten Bürger noch ein wenig erinnern können.

So kenne auch ich die „gute alte Zeit“ nur aus den Erzählungen von älteren Verwandten und Mitbürger, von denen viele nicht mehr leben. Dennoch meinte ich herauszuhören, dass es eine ruhigere und bescheidenere Zeit war, die aber auch mit Armut, Krieg und viel Handarbeit einherging. Wenn man damals erkrankte, war man rasch verloren.
Bilder sind für mich von Fotografen geschaffene Zeitzeugen. Sie werden ihre Geschichte noch erzählen, wenn es uns schon lange nicht mehr gibt.

Abschließend möchte ich mich noch bedanken. Ich freue mich, dass ich mit Rupert Wörndl einen mit seiner Heimat fest verwurzelten gebürtigen Frasdorfer für die Texte gewinnen konnte. Sein Wissen über das Priental ist einfach phänomenal. Ebenso bedanke ich mich beim Chiemgauer Verlagshaus, das mir dieses Projekt ermöglicht hat. So hoffe ich, bei den Betrachtern des Buches das Bewusstsein aufzufrischen, in welch herrlicher Gegend sie leben oder Urlaub machen. Wir sollten dieses Fleckchen Erde achten und schützen.

Josef Reiter

Sachrang

Mit Sachrang verbindet man sofort den „Müllner-Peter", der 1978 sogar Hauptfigur eines mehrteiligen Fernsehfilmes war. Tatsächlich hat dieser Peter Huber, wie er eigentlich hieß, Sachrang geprägt wie kaum ein anderer. Nicht nur als Musiker war er für das kleine Gebirgsdorf mit seiner winzigen Kirchenorgel und einer Handvoll Chorsängern und Musikanten ein Leuchtturm. Auch auf handwerklichem, künstlerischem, gesellschaftspolitischem, medizinischem und religiösem Gebiet hat er Zeichen gesetzt. Die gut erhaltenen Bauernhäuser, die heute den Ortskern von Sachrang und Ortschaften wie Mitterleiten prägen, sind nicht zuletzt auf diese Filmaufnahmen zurückzuführen. Sie haben das Bewusstsein für die schönen alten Holzbauten geschärft, was auch notgetan hat. Denn „außen herum" sieht's nicht ganz so idyllisch aus: massive Gebäude mit Ferienwohnungen, bei denen die meiste Zeit die Rolläden heruntergelassen sind, lassen erahnen, wohin die Reise hätte gehen können.

Auf vielen Postkarten beherrscht das Kaisergebirge im nahen Tirol die Szene. Aber auch die Sachranger Berge mit Spitzstein und Geigelstein sind etwas Besonderes. Hier gilt es, einen Ausgleich zwischen Naturschutz, Landnutzung und Tourismus zu finden. Der Blick über den Gipfel des Geigelsteines (vorhergehende Doppelseite) zeigt ganz gut, wie sich Tourismus einerseits und Almwirtschaft andererseits auf die Landschaft auswirken. Ohne Almwirtschaft wären unsere Berge bis oben hin dicht bewaldet. Der Geigelstein wurde früher meistens als „Wechsel" bezeichnet, was Wildwechsel, Grenze oder Wasserscheide bedeuten kann. Hier trifft wohl eher Letzteres zu, und der Name ist nicht etwa auf die Muttergottesfigur in der Gipfelkapelle zurückzuführen, die jährlich im Frühjahr hinauf- und im Herbst wieder zu Tal gebracht wird, auch wenn's so schön wäre.

Spuren von Handarbeit im bäuerlichen Leben wie Hiefel oder Heinzen sind heute natürlich auch in Sachrang verschwunden. Es haben sich nicht nur die Arbeitsweisen verändert; auch hier sind, wie in den meisten Gemeinden, innerhalb der Dörfer kaum mehr bäuerliche Betriebe zu finden. Umso aktiver sind die verbliebenen: Mit naturverträglicher Landwirtschaft, mit Urlaub auf dem Bauernhof und vor allem mit einer leidenschaftlich und aufwendig betriebenen Almbewirtschaftung versucht man die Besonderheiten eines Bergbauerndorfes zu erhalten und gleichzeitig Einkommensmöglichkeiten für die Bevölkerung zu schaffen.

Auf dem Bild rechts, das den Quellbereich der Prien mit dem von hier aus ganz flach wirkenden Spitzstein und dem Inntal im Hintergrund zeigt, sieht man die Flureinteilung und den hohen Waldanteil.

Wie auf dem Geigelstein an der gegenüberliegenden Talseite ist auch auf dem Spitzstein eine kleine Kapelle errichtet worden. Die bayerische und die Tiroler Grenze treffen hier zusammen. Dies ist aber erst seit 1505 so.
Bis dahin waren das Amt Kufstein, wie auch die Ämter Rattenberg und Kitzbühel sowie das Zillertal, bayerisch. Darum ist es auch nicht verwunderlich, dass auf die Almen des Spitzsteingebietes bis hinüber zur Klausen-Alm bis vor wenigen Generationen nur Bauern vom Erler- und Niederndorferberg aufgetrieben haben.

Nur höchste kirchliche Würdenträger werden zur jährlichen Wallfahrt bei der Ölbergkapelle eingeladen. Sogar der spätere Papst Benedikt XVI. war schon hier. Für eine farbenprächtige Begleitung sorgen Gebirgsschützen von beiderseits der Grenze. Mit Chorwerken aus der Sammlung des Müllner-Peter wird dabei an diesen großen Sohn Sachrangs erinnert. Dass Peter Huber bei der Renovierung des Gotteshauses seinerzeit seinen Knecht „Krautnudl", der in Wirklichkeit ein französischer Emigrant namens Grand-d' Oudel war, beschäftigt hat, lässt sich in den Kirchenrechnungen nicht nachweisen.

Von höchster Zimmermannskunst geben noch mehrere Bauernhäuser, wie das vom Bergstetter in Sachrang, Zeugnis. Deutlich sind die Verzapfungen der Innenwände an der Stirnseite des Hauses zu erkennen. Sie bilden Buchstaben oder religiöse Symbole wie Kirchen, Kelche und Herzen. Vor Hunderten von Jahren sind diese Holzbauten entstanden, ganz ohne Motor- oder Elektrowerkzeuge, und immer noch voll gebrauchsfähig. Selbst extreme Winter, wie sie in Sachrang nicht selten vorkommen, können diesen Bauwerken nichts anhaben. Der Bergstetter wird von den Einheimischen sofort mit der Acker-Alm in Verbindung gebracht, die er seit über 50 Jahren in Pacht hat. Vorher betrieb die Alm, die den Bayerischen Staatsforsten gehört, der „Verband für die Reinzucht des Pinzgauer Rindes".
Baron Cramer-Klett hatte sie 1877 aus Privatbesitz erworben und wollte sie in Wald überführen, was aber bald aufgegeben wurde. Mit dem Verkauf großer Teile des Gutsbesitzes 1932 kam sie zum Staatsforst.

Die Kirche von Sachrang ist dem heiligen Michael geweiht und hat noch eine gute barocke Ausstattung. Wegen der großen Entfernung von Prien, wozu der Pfarrsprengel Sachrang bis 1680 als Filiale gehört hat, leisteten sich die Sachranger schon ab dem 15. Jahrhundert einen eigenen Geistlichen. Martinus Roth hieß der, von dem wir als Erstem den Namen überliefert haben; um 1550 wirkte er in Sachrang. Wie es damals, kurz nach der Reformation, hier bestellt war, erfahren wir aus einem Visitationsbericht: Er, also Martinus Roth, wisse über die Einsetzung der Messe nichts, er habe aber gelesen, dass sie von Menschen und Päpsten

eingesetzt worden sei. „Hab eine Kechin bey 40 Jahren. Ligt gleichwohl bey ihr, denn er hab nur 1 Peth. Trag khain Kind mehr, sey nit sein Weib, nenn sy nur Kechin“, heißt es wörtlich. Die Sachranger scheinen aber gut mit ihm ausgekommen zu sein.

Ähnlich war es mit Pfarrer Simon Thaler, der die Bevölkerung um 1850 bei ihren Bestrebungen um die Ablösung von Forstrechten und im Kampf gegen ungerechte Behandlung durch die Gutsherrschaft Hohenaschau tatkräftig unterstützte.

Meterhohe Schneelasten nicht nur auf den Dächern sind in Sachrang nichts Ungewöhnliches. Trotz eines von acht Pferden gezogenen Schneepfluges musste zu Zeiten von Max Hickl, des Lehrers von Stein, der Weg zwischen Aschau und Sachrang von Arbeitern des Öfteren händisch freigeschaufelt werden. Zum Glück hat Baron Cramer-Klett 1910 in Stein, auf halber Strecke zwischen Sachrang und Aschau, eine eigene kleine Schule errichtet, sodass die Kinder nicht mehr gar so weit hatten. Allerdings gabs beim Wetter auch damals schon immerwieder Ausnahmen. 1924/25 zum Beispiel schreibt Lehrer Hickl: „Zur Christmette konnte man heuer mit dem Rad auf staubiger Straße fahren. Am 9. März erster Schneefall; nach einer Pause von vier Monaten ging nun wieder der Schlitten von Sachrang nach Aschau (für zwei Wochen)."

Heutzutage bringt die Schneesicherheit Sachrang einen regen Langlauf- und Schifahrerverkehr. In höheren Lagen ist jedoch, trotz umfangreicher Anstrengungen der Bayerischen Staatsforsten, durch Verbauungen, Anpflanzungen und verstärkte Jagdausübung die Schutzwälder zu ertüchtigen, immer mit Lawinenabgängen zu rechnen.

Die Almwirtschaft wurde in Sachrang sicher schon seit dem Spätmittelalter praktiziert. Aufgrund der vergleichsweise geringen Höhe der Berge gab es hier aber keine von Natur aus waldfreien Zonen wie etwa in den Zentralalpen. Almweideflächen mussten also erst gerodet werden, dann musste man Wege dorthin finden. Die Wälder waren bis dahin nahezu undurchdringbare Urwälder, bestehend aus einem Gemisch aller heute noch vorhandenen Baumarten, wobei die Buche vorherrschend war.

Almabtrieb.

Anfangs muss man sich die Bergweide wahrscheinlich mehr wie einen Nomadenbetrieb vorstellen. Man zog von Ort zu Ort, nutzte kleine zufällig waldfreie Flächen, die etwa durch Murenabgänge entstanden waren. Erste Almnennungen haben wir in einem Hohenaschauer Abgabenbuch von 1460. Zu denen in der berühmten „Almordnung des Sachrangtales“, die der Aschauer Schlossherr Pankraz von Freyberg 1558 „aufgericht“ hat, gehörte auch die heutige Oberkaser-Alm. Für diese war festgelegt, dass der Bergstetter, der Wiedholzer und der Linner von Sachrang sowie der Grenzhuber und der Schweiberer jeweils mit zwei Rössern, 15 Rindern und drei Schweinen auftreiben durften. Mitte des 19. Jahrhunderts waren noch alle fünf Kaser vorhanden. Einer der zwei 1913 noch verbliebenen Almfahrer, der Bergstetter, verkaufte in diesem Jahr sein Weiderecht mitsamt Almhütte dem Groß von Schadhub am Samerberg. So kam es, dass die Großn-Tochter Maria Wiesbeck, die hier ab den 1940er-Jahren Dienst tat, eine Institution wurde.

Auf der Klausen-Alm standen früher acht Almhütten, aufgereiht wie an einer Perlenschnur, alle knapp jenseits der Grenze auf Tiroler Boden gelegen. Die Alm gehörte seit jeher dem Aschauer Schlossherrn; sämtliche Almfahrer aber stammten vom Erlerberg. Heute bestehen hier keine Berechtigungen mehr. Aus einer der westlichen Hütten ist die später weitum bekannte Bergwirtschaft „Klausen-Hütte" geworden, die heute verfällt.

Der Name „Klausen" geht auf die Holztrift zurück. Es handelte sich dabei um eine Staueinrichtung, die geöffnet wurde, wenn sich genügend Wasser und Holzprügel angesammelt hatten. Von Grattenbach und Innerwald sind solche Klausen verbürgt. Man darf annehmen, dass auch im Tiroler Trockenbachtal getriftet wurde.

Klausenalm (Tirol)

Nahezu 50 Jahre war die Klausen-Alm an den Tiroler Haflinger-Zuchtverband verpachtet. Anlässlich der Hauptalmbegehung im Jahr 1969 stellten die Fachleute des Almwirtschaftlichen Vereins Oberbayern fest: „Es weideten dort oben 31 ein- und zweijährige Hengste. Es war schon ein herrliches Bild, diese große Zahl von edlen Tieren in diesem weiten Almgebiet zu beobachten.
Alle machten einen glänzenden Eindruck und auch die anspruchsvollen Pferdeliebhaber konnten sich nur lobend äußern. Auch die ebenfalls hier weidenden 34 Stück Jungvieh waren von außergewöhnlicher Qualität und in bestem Zustand." Heute wird die Alm nur noch von Rindern bestoßen. Ständiges Almpersonal ist nicht mehr vorhanden.

„Aus dem Wald kommt kühl und klar das Wasser." Mit diesem Spruch hat man vor Jahrzehnten auf die Schutzfunktionen des Waldes im Zusammenhang mit Wasser hingewiesen. Ein intakter Wald trägt dazu bei, dass Regen- und Schmelzwasser gespeichert werden und nur verzögert abfließen, was gerade in Berglagen von großer Bedeutung ist. Der mit Wurzeln, Pilzgeflecht und anderen organischen Bestandteilen durchzogene Waldboden wirkt wie ein Schwamm; erst wenn er vollgesogen ist, fließt das Oberflächenwasser ungebremst ab. Aus dem Waldboden kann das Wasser gemächlich in den mineralischen Unterboden einsickern und kommt dann oft erst mit großer Verzögerung als reines Quellwasser wieder an die Oberfläche.

Anders verhält es sich auf verkarstetem Untergrund, wie etwa im Laubensteingebiet. Hier hat man unter den Wald- und Almflächen eine Situation, die mit dem sprichwörtlichen Schweizer Käse vergleichbar ist. Es gibt kaum oberflächliche Gewässer; alles Wasser wird sofort vom Untergrund aufgenommen. Größere Wasserschlucker oder „Ponore", wie die Karst- und Höhlenforscher sagen, befinden sich im Grubalmkessel (auch als „Eiskeller" bekannt), auf den Verebnungen, dem „Tret", der Aberg- und der Laubenstein-Alm sowie im Laubensteinkessel. Dieses Wasser kommt dann ziemlich rasch und mehr oder weniger ungereinigt in sogenannten Karstquellen in Talnähe wieder zutage. Eine der bedeutendsten Karstquellen ist die des Hammerbaches. Andere Karstquellen treten als Wasserfälle in Erscheinung.

Der Wechsel aus Wald- und Almflächen, wie er auf dem Bild der nächsten Doppelseite zu sehen ist, macht unsere Landschaft so abwechslungsreich und lieblich. Für die Almbauern bedeutet dies einen permanenten Kampf gegen die ungestüme Kraft des Waldes, der sich das Gebiet wieder zurückholen will. Ohne das „Schwenden" wären unsere Berge in wenigen Jahrzehnten bis in die Gipfelregionen von Wald bedeckt. „Schwenden" kommt übrigens von „Schwinden", also Holzgewächse zum „Eingehen" bringen.

Die Prien hat es geschafft, obwohl sie insgesamt nur wenig Wasser führt und im Sommer wochenlang trockenliegt, sich durch massives Gestein zu bohren und tiefe Gumpen zu formen. Den Hauptanteil daran hatten sicher die Eismassen und Schmelzwasserströme während der Eiszeit und in den Jahren danach. Etwa 10 000 Jahre vor Christus hat sich nach etwa 90 000 Jahren Kaltzeit das Klima dauerhaft verändert und die letzten Eisdecken sind geschmolzen. Man muss bedenken, dass dies aber nur die letzte und „kleinste" der insgesamt vier Eiszeiten war, von denen wir zuverlässig Kenntnis haben. Die Dicke des Eises auf Höhe von Sachrang betrug gut 700 Meter. Die Obergrenze lag also ungefähr beim heutigen Spitzsteinhaus und bei der Acker-Alm. Gewicht und Druck dieser Eismassen kann man sich fast nicht vorstellen, und das Ganze wurde von hinten noch permanent angeschoben.

Nach Gewittern kann die Prien zu einem reißenden Strom werden. Heute, im Zeitalter guter Straßen und massiver Betonbrücken, fällt das nicht mehr so stark ins Gewicht; früher konnte es lebensbedrohend sein und die Verbindung nach Aschau oft mehrere Wochen unterbinden.
Bekanntlich ist Maria Huber, geborene Hell, die Frau des Müllner-Peter, am 19. Juli 1824 ertrunken, als sie die Hochwasser führende Prien überqueren wollte und der Steg dabei brach. Auch bei Lehrer Hickl finden wir zwei Eintragungen: „22. Juli 1924 starkes Unwetter: innerhalb ein bis zwei Minuten stieg die Prien um fast einen Meter. – Neun Tage später, in der Nacht zum 31. Juli, Katastrophenhochwasser: alle Stege und Holzbrücken weggeschwemmt, Distriktstraße an zwei Stellen weggespült."

ASCHAU

Aschau

Der Aufdruck „Aschau“ auf nebenstehender alter Postkarte ist eigentlich nicht ganz korrekt. Denn bis 1966 hat es nur Nieder- oder Hohenaschau gegeben. Erst mit der Zusammenlegung der beiden selbstständigen Gemeinden ist „Aschau“ entstanden. Freilich findet man schon in alten Urkunden hin und wieder diese Kurzform, wobei dabei immer die Herrschaft gemeint war. Auch die Nachbarn haben häufig nur von „Aschau“ gesprochen. Ohne das Entstehungsdatum der Aufnahme zu kennen, kann man es ganz gut eingrenzen. Auf den ersten Blick erkennt man, dass die Kirche schon den zweiten Turm besitzt. Er ist 1904 von Baron Theodor von Cramer-Klett gestiftet worden. Weiter fällt ins Auge, dass die „Kinderheilstätte“ noch nicht errichtet ist. Diese wurde – ebenfalls eine Wohltat von Cramer-Klett – im Jahr 1918 gebaut.

Was noch auffällt, sind die großen Kahlschläge am Rohnerkopf und am Fellererberg. Dasselbe gilt für den Haindorfer- und den Abendmahlberg (siehe alte Postkarte auf der nächsten Doppelseite). Bis vor einer Generation war es selbst im Staatsforst noch gang und gäbe, ganze Hangseiten abzuholzen, um sie dann mit Fichten künstlich wieder aufzuforsten. Heute versucht man die Holzernte kleinflächiger durchzuführen, was zwar aufwendiger ist, aber die Schutzwirkungen des Waldes weniger beeinträchtigt und die natürliche Verjüngung begünstigt.

Die Herkunft des Ortsnamens Aschau, „die Aue, das feuchte Land, worauf Eschen wachsen“, erschließt sich aus den Abbildungen ganz gut. Fast die ganze Talniederung war ursprünglich vom mäandrierenden und in vielen Nebengerinnen verästelten Prienfluss ausgefüllt. In den dazwischenliegenden Böden, die stark vom Grundwasser beeinflusst waren, konnte vor allem eine Baumart gut wachsen, die Esche.

Schloss Hohenaschau vermittelt eher den Eindruck einer Burg, also einer Befestigungsanlage, als eines repräsentativen Adelsbaues. Allerdings hat die Anlage ihr Aussehen erst zu Beginn des 20. Jahrhunderts entscheidend verändert, als Theodor von Cramer-Klett d.J. bedeutende Um- und Anbauten vornehmen und sie zu einem komfortablen Wohnschloss ausbauen ließ.
Mindestens seit der Mitte des 16. Jahrhunderts wurde die Burg von ihren Besitzern jeweils nur zeitweise bewohnt. Sowohl die Herren von Freyberg wie dann auch die Grafen Preysing hatten beim Herzog und später beim Kurfürsten hohe Ämter inne. Dies zwang sie, die meiste Zeit in München zu verbringen.

Auch nachdem der Nürnberger Industrielle Cramer-Klett, der von König Ludwig II. zunächst den persönlichen Adel, nach dem Erwerb von Hohenaschau dann den erblichen Adelstitel eines Freiherrn erhielt, hier eingezogen war, änderte sich daran wenig. Cramer-Klett hatte seine Industriebetriebe hauptsächlich in Nürnberg, was seine häufige Anwesenheit dort erforderlich machte. Sein Sohn Theodor d.J. kümmerte sich offensichtlich weniger um geschäftliche Angelegenheiten. Stattdessen war er als „erblicher Reichsrat der Krone Bayerns“ und als engagierter Katholik und Mäzen kirchlicher Einrichtungen in diesen Funktionen viel außerhalb Aschaus unterwegs.

Unter seinem Sohn Ludwig Benedikt wurde das Schloss 1942 an die Reichsmarine verkauft. Ludwig Benedikt, Jahrgang 1906, verbrachte noch seine gesamte Jugendzeit im Schloss, empfing in der dortigen Schlosskapelle vom Schlosskaplan Dr. Röck seine Erstkommunion und wurde von Erzbischof Franziskus Kardinal von Bettinger 1915 dort gefirmt. Er wurde ein bekannter und sehr erfolgreicher Jagdschriftsteller. Mehrmals erwähnt er, dass er in der Turmstube mit weitem Blick ins Priental und die umgebenden Berge den Großteil seiner Bücher verfasst hat.

Hohenaschau mit Kampenwand

Als Baron Cramer-Klett wenige Jahre nach Ankauf des Gutsbesitzes einen Reitweg auf die Kampenwand errichten ließ, dachte noch niemand daran, dass zwei Generationen später eine Gondelbahn den Aufstieg ersetzen könnte. Der Reitweg, der im Wesentlichen noch heute erhalten ist, führte mit einer sanften, gleichmäßigen Steigung über das Forsthaus Fuchslug unterhalb und entlang der Maiswand zur Schlechtenberger Kapelle und von dort östlich vom Goriloch zur Schlechtenberg- und dann zur Steinling-Alm. Von dort ging es weiter entlang des heutigen Wanderweges Richtung Bergstation bis zur „Kampenwandhütte" (Selbstversorgerhütte der DAV-Sektion München und Oberland) und dem Westabfall des Kampenwand-Kammes. Genau 30 Ruhebänke waren entlang des Weges angeordnet, wie wir einer Originalkarte entnehmen können; somit kann Cramer-Klett als echter Erfinder des „Bankerldorfes" gelten.

Bei der Fahrt mit einer der Gondeln der im Jahr 1957 erbauten Bergbahn auf die Kampenwand bleibt Zeit, die vorbeiziehenden Wälder unter sich zu betrachten. Während hier noch vor wenigen Jahrzehnten die Fichten dominierten, vollzieht sich mittlerweile eine Entwicklung in Richtung Bergmischwald. Die Fichte ist zwar immer noch die vorherrschende Baumart, aber auch Tannen und Lärchen sowie Laubhölzer wie Buchen und Bergahorn stellen sich ein. Während man früher ganz gezielt die Fichte gefördert hat, weil sie am vielseitigsten verwendbar war und vor allem in Form von Holzkohle für die Eisenwerke in Hohenaschau benötigt wurde, begünstigt man heute durch verfeinerte Waldbaumethoden und durch verschärfte Bejagung des Schalenwildes die Mischbaumarten. Auch die Einstellung der Laubstreugewinnung und vor allem die Klimaerwärmung tragen zu einer Veränderung des Waldbildes bei.

22
37
28
12
30

Der „Schuster-Paule“, Paul Kink, Austragler vom Café Pauli in Höhenberg, hat eine besondere Beziehung zur Kampenwand. Er war es, der das Gipfelkreuz 1949 mit seinen Mulis auf den Berg gebracht hat. Überhaupt war er in den Jahrzehnten nach dem Krieg ein gefragter Mann. Es gab noch keine Forststraßen, auch die Almwege waren primitiv und bestenfalls mit einem Einachsergespann befahrbar.
Da trat der Paule in Aktion: Zunächst mit einem Muli, dann auch mit dem Kettenkrad brachte er in den Aschauer und Sachranger Bergen Unmengen von Holz zu Tale. Zwei NSU-Kettenkräder vom Typ HK 101 wurden eingesetzt und schafften Steigungen bis 48 Grad. Ende der 1960er-Jahre ersetzten zunehmend Schlepper und Seilanlagen diese gefährliche Arbeit.

Wer die Kaser der Steinling-Alm sieht, weiß sofort, woher diese ihren Namen hat. Ganz früher hieß es nur „die Alm Kampen", 1460 hören wir erstmals in einem „Sal- und Zehentbuch" davon. Das war ein Buch, in dem die Herrschaft Hohenaschau alle Abgaben und Scharwerksleistungen der Untertanen vermerkt hat. 18 Almfahrer waren es damals, die zusammen 100 Pfund Schmalz abzuliefern hatten. Später hat man dann das Almgebiet unterteilt in „Sulten, Oberemath, Stainlach und Gödrich".
Den Sulten kennen wir heute noch als nahezu felsenlosen Berg nördlich der Steinlingalm. Der Name Oberemath hat sich verloren, aus Stainlach ist Steinling und aus Gödrich Gederer geworden. Letzterer Name könnte mit dem der Ortschaft Göttersberg zusammenhängen, der sich von dem mittelalterlichen Namen Gotto oder Gottino ableiten soll.

Der mächtige Kamm der Kampenwand besteht ebenso wie die schroffen Felspartien der Gedererwand aus Wettersteinkalk, während der wie in einer Schale eingebettete Sulten aus Hauptdolomit aufgebaut ist. Dies ist ein spezieller Kalkstein, der auf andere Art als der massive Wettersteinkalk verwittert. Zwischen diesen beiden geologischen Formationen treten die weniger festen Raibler Schichten zutage, welche tiefgründige, lehmhaltige Böden mit flacheren Ausformungen bilden.
Auf diesem Untergrund findet im Wesentlichen die Almwirtschaft statt. Den Übergang ins Alpenvorland mit den vom Gletschereis geschaffenen Becken des Chiemsees und des Simssees bilden die sanft geschwungenen und überwiegend mit Wald bedeckten Vorberge, die aus jüngeren Gesteinen bestehen.

GEWIDMET
DEN GEFALLENEN DES
CHIEMGAUES

Auf dem Gipfelkreuz der Kampenwand, dem „Chiemgaukreuz“, ist jede der Anfang der 1950er-Jahre bestehenden Gemeinden der Region mit einer Tafel vertreten, neben Hohen- und Niederaschau natürlich auch Sachrang, Frasdorf, Umrathshausen und Wildenwart. Darauf sind jeweils die Gefallenen und Vermissten der beiden letzten Kriege vermerkt. Auf dem Aschauer Schild („H & N Aschau“) sind die beiden damaligen Gemeinden mit dem Schloss Hohenaschau und der doppeltürmigen Pfarrkirche von Niederaschau symbolisiert. Die Gefallenen und Vermissten des Ersten Weltkrieges sind hier mit 88 und 5 angegeben, die des Zweiten Weltkrieges mit 81 und 27. Das Kreuz soll neben dem Gedenken an die Kriegsopfer vor allem auch eine Mahnung zum Frieden sein.

Während man Kreuze auf fast allen Berggipfeln, oft auch innerhalb der Almflächen findet, gehören Kapellen schon zu den Ausnahmen. Die Kapelle „Maria, Königin des Friedens" östlich der Bergwirtschaft Steinling-Alm gehört zu diesen Besonderheiten.
Sie ist zum 25. Jahrestag der Errichtung des Kampenwandkreuzes erbaut worden und soll wie dieses an die Gefallenen des Chiemgaus erinnern. Regionalbischof Franz Schwarzenböck hat sie am 12. September 1976 eingeweiht.

Kreuze auf den Berggipfeln sind im Wesentlichen erst mit dem Aufkommen des Bergtourismus ab der Mitte des 19. Jahrhunderts entstanden. Bis dahin ist man nur ins unwegsame Gebirge gegangen, wenn man unbedingt musste, wie etwa zur Betreuung des Almviehs oder zur Holzarbeit. Ohne besondere Veranlassung unter größter Mühe auf einen Gipfel zu steigen war nicht üblich. Man hat sich bei der täglichen Arbeit schon genug geplagt. Viele Kreuze sind dann nach den Kriegen dazugekommen, vielfach infolge eines Gelübdes.

Auch Bergmessen waren bis in die Zeit des Zweiten Vatikanischen Konzils (1962–1965) nicht üblich. Die Almleute hatten während der Sommermonate nur die Möglichkeit, ins Tal zu gehen, um zwei- oder dreimal eine Messe zu besuchen oder zu beichten. Besonders beliebt waren die Gottesdienste in der Hohenaschauer Schlosskapelle mit Monsignore Dr. Alois Röck. Er galt als besonders begabter Prediger und verständnisvoller Beichtvater. Nach seinem Ableben am 27. Dezember 1961 war im „Altöttinger Liebfrauenboten" zu lesen: „Als die Seinen galten ihm auch jene, die auf weiten Wegen, hernieder vom Gschwendt, von Hittenkirchen, Höhenberg, Umrathshausen, Frasdorf, von Marquartstein, ja bis von Schleching über den Hochrücken der Dalsen-Almen in seine Gottesdienste oben in die Schlosskapelle gekommen waren, um sein geisterleuchtetes Priesterwort zu hören und des Fluidums seiner gottbegnadeten Persönlichkeit teilhaft zu werden." Kein Wunder, dass der Aschauer Pfarrer Nikolaus Barth, vor allem auch wegen des starken Zulaufes, den Dr. Röck beim Beichthören hatte, ein bisschen geeifert hat.

Schlosskaplan Monsignore Dr. Alois Röck hat das Kreuz auf dem Ostgipfel der Kampenwand am 26. August 1951 geweiht, „ohne Fühlungnahme mit dem zuständigen Pfarramt", wie es in der Pfarrchronik leicht verärgert heißt. Den anschließenden Berggottesdienst vor der „Steinling-Alm" sollen an die 3000 Personen besucht haben. Großer Anstrengung hatte es bedurft, um das 54 Zentner schwere Kreuz an Ort und Stelle zu bringen. Vor allem das letzte Stück war schwierig. Während man die drei Einzelteile, die erst oben verschweißt wurden, mit Mulis noch bis zu den Latschenfeldern transportieren konnte, musste man sie über die Felspartien mühsam mit einem Seil und einem 2 PS starken Aggregat bringen.

Auf die Idee, ein neues Kreuz zum Gedenken an alle Gefallenen des Chiemgaus zu erstellen, kam der Höslwanger Schreiner Franz Schaffner 1948, nachdem er aus jugoslawischer Kriegsgefangenschaft heimgekehrt war. Bei einer Bergtour hatte er gesehen, dass das alte hölzerne Kreuz von 1923 völlig verfallen war. Zwölf Meter hoch sollte das neue werden. Mithilfe seines Nachbarn, des Schmiedes Josef Hell, und einiger Helfer wurde dann das Kreuz aus alten Gasflaschen und Panzerstahl angefertigt. Die Schriftplatten sind aus Bronze. 13- bis 14-mal an einem Tag sind Schaffner und Hell im Sommer 1950 von der Steinling-Alm weg auf den Gipfel gestiegen, jeweils mit einem halben Zentner Zement, Schalungsbrettern, Schweißgerät, Wasser und Werkzeug auf dem Buckel.

Inzwischen wird jedes Jahr am letzten Sonntag im August an der zu Ehren von „Maria, Königin des Friedens" errichteten Kapelle ein Gedenkgottesdienst gefeiert. Jedes Jahr ist eine der beteiligten Chiemgaugemeinden Ausrichter. Immer sind an die 100 Abordnungen mit ihren Fahnen anwesend. Noch kein einziges Mal ist seither diese Bergmesse ausgefallen.

GEWIDMET
DEN GEFALLENEN DES
CHIEMGAUES

1955
1905
Niederaschau

Die Kirche war anfangs der Trachtenbewegung gegenüber recht kritisch eingestellt. Als zum Beispiel im September 1904 dem Trachtenverein von Hohenaschau die von Baron Cramer-Klett gestiftete Fahne übergeben wurde, durfte diese hier nicht kirchlich geweiht werden. Cramer-Klett bedauerte dies in seiner Ansprache, zeigte aber auch Verständnis für die Haltung der Diözese: „... da manche Trachtenvereine viel zu viel Gewicht auf Äußerlichkeiten – Tracht und Tanz – legen und darüber den Hauptzweck, die Pflege von Religion und Vaterlandsliebe, sowie die Aufrechterhaltung der guten, alten Sitten außer Acht lassen". Das führte dazu, dass viele Vereine ihre Fahnen im benachbarten Österreich weihen ließen, die Hohenaschauer sogar im Dom zu Salzburg.

Elandalm — Aschau

„Buchenhauser-Alpe" hat die Schlechtenberg-Alm früher geheißen. Ursprünglich haben ausschließlich Bauern aus der Ortschaft Schlechtenberg hier aufgetrieben. So hat sich nach und nach die neue Bezeichnung durchgesetzt. Wie wir aus einer Almbeschreibung vom Jahr 1556 wissen, war an den seinerzeitigen Grundbesitzer, Pankraz von Freyberg, den Schlossherrn von Hohenaschau, jährlich für eine Kuh als „Zins" ein Pfund Schmalz abzuliefern und für ein Jungrind ein halbes Pfund. 19 Pfund hat das damals für die ganze Alm ergeben.

Dieses Schmalz war jährlich an St. Ägidius, dem 1. September, „in gutem, ausgelassenem Zustand" im Schloss abzuliefern. Später wurde die Schmalzlieferung dann in eine Geldabgabe umgewandelt. 1875, als Baron Cramer-Klett den Hohenaschauer Gutsbesitz erworben hatte, war schon eine Reihe von Almen aufgegeben worden. In diesem Jahr war für sämtliche

noch auf seinem Grund und Boden berechtigte Almen ein Betrag von 207 Mark eingegangen. Das entsprach dem Auftrieb von 1154 Kühen, zwei Jungrindern, zwei Stieren, 217 Kälbern, einem Pferd, einem Schaf und einer Ziege.
Auf die Schlechtenberg-Alm durfte auch seit jeher der herrschaftliche Oberjäger mit seinem Vieh auftreiben. Hierzu war die Hälfte eines Doppelkasers, der sich östlich vom heutigen Michl-Kaser befand, im Eigentum der Herrschaft. Als dieser 1878 von einer Lawine völlig zerstört wurde, hatte der Oberjäger seine zehn Rinderschläge schon mehrere Jahre nicht mehr beansprucht. Sie wurden dann von den übrigen Almfahrern gepachtet.
Die Elland-Alm (siehe vorhergehende Doppelseite) wurde früher von sechs Bauern befahren. Heute treibt noch als Einziger der Hell von Haindorf auf. Den früheren Kaser des Fink von Hohenaschau nutzt jetzt Baron Cramer-Klett als Jagdhütte.

In der „Almordnung des Sachrangtales“, die Pankraz von Freyberg 1558 aufgestellt hat, war geregelt, dass Schweine auf den Almen grundsätzlich einen Nasenring erhalten, damit sie die Wasen nicht allzu sehr aufwühlten.

Stiere mussten mit einem Strick zwischen den Vorderbeinen versehen sein, damit sie nicht unkontrolliert „auf den Kühen umreiten“, außerdem mussten sie einen Strick an den Hörnern haben, um sie leichter dirigieren zu können.

Ziegenauftrieb war untersagt. Interessant ist, dass Pankraz genaue Vorgaben zur Düngerverwertung machte. Die Almfahrer sollten den Mist auf höher gelegene Plätze bringen, damit das Regenwasser die Nährstoffe dann über die Hänge verteilte. Natürlich war auch die Abhaltung von „Almtänzen“ verboten.

Gewitter werden auf den Bergen, vor allem in engen Bergkesseln oder an exponierten Stellen, als besonders bedrohlich empfunden. Nicht selten richten Blitze Unheil an. Die Almleute haben dann seit jeher die schwarzen Kerzen, die in Altötting gekauft und geweiht wurden, angezündet. Auch an den Firstbäumen der Almhütten findet man oft Zeichen der Frömmigkeit.

Auf dem des Simmerl-Kasers auf der Schreck-Alm ist ein ganzes Gebet eingeschnitzt: „Gelobt sei Jesus Christus in Ebikeit Amen“, steht da. Oft finden wir noch Symbole wie „JHS“, die Anfangsbuchstaben für die griechische Schreibweise von Jesus, später volkstümlich umgedeutet als Abkürzung für „Jesus, Heiland, Seligmacher“, oder „CMB“, die lateinische Abkürzung für „Christus segne dieses Haus“.

Der Hohenaschauer Schloss- und Gutsbesitzer Baron Theodor von Cramer-Klett d.J., der 1907 zum katholischen Glauben übergetreten war, brachte sich nicht nur finanziell stark in der Kirche ein. Er galt auch als „einer der bedeutendsten und engagiertesten Vertreter des kämpferischen Katholizismus zu Anfang des 20. Jahrhunderts", wie der Benediktinerpater Stephan Kainz von Kloster Scheyern in seinen Erinnerungen schreibt.

So war Cramer-Klett auch Präsident des Stuttgarter Katholikentages im Jahr 1925. Anerkennung fand dies alles in der Ernennung zum „Päpstlichen Ehrenkämmerer". Ein besonderes Anliegen war dem Baron auch, das katholische Leben innerhalb seiner „Gutsherrschaft" zu fördern und der Bevölkerung in ganz alltäglichen Glaubensangelegenheiten ein Vorbild zu sein. Nicht nur in den jährlichen Spenden für karitative Einrichtungen und in der Vergrößerung und teilweisen Neuausstattung der Pfarrkirche Aschau kam dies zum Ausdruck. Er sorgte auch für das Schlossbenefizium alleine, ohne staatliche Zuwendungen. Nach Renovierung der Schlosskapelle konnte dort ein fest angestellter Geistlicher seit 1908 wieder regelmäßig Messe lesen. Cramer-Klett gründete die hauswirtschaftliche Mädchenschule St. Elisabeth, ein Altersheim für Betriebsangehörige mit Kinderbewahranstalt sowie die Schule Stein mit Hauskapelle.

Während des Ersten Weltkrieges wurde auf dem Gelände der heutigen Festhalle ein Lazarett unterhalten. Eine seiner weitreichendsten Unternehmungen für Aschau und die ganze Region aber war die Errichtung eines „Krüppelheimes", wie es damals hieß. Es ist heute noch unter der Bezeichnung „Orthopädische Kinderklinik" vorhanden. Auf dem Farbbild auf der Seite gegenüber ist der inzwischen wesentlich erweiterte Komplex im Ortsteil Haindorf im Vordergrund deutlich zu erkennen. Ein früheres Stadium ist auf der alten Postkarte (nächste Doppelseite) zu sehen.

Große Bedeutung hatte das Aschauer Gotteshaus seit jeher als Hauptkirche der Herrschaft Hohenaschau. Obwohl der hiesige Pfarrsprengel als Hauptfiliale von Prien zunächst immer nur durch einen Kooperator von dort aus betreut wurde, gab es mindestens seit 1386 einen festen Priester in Aschau. In diesem Jahr wurde nämlich das erste von insgesamt vier Benefizien (Messstiftungen) gegründet. Sinn dieser Benefizien war, dass aus dem Stiftungsvermögen (das war in der Regel eine Anzahl abgabepflichtiger Bauernhöfe) ein Geistlicher finanziert wurde, der für den Stifter oder das Anliegen der Stiftung Messen zu lesen hatte. Seit 1680 ist Aschau, losgelöst von Prien, eine eigene Pfarrei, freilich nicht ganz selbstständig, denn das Augustiner-Chorherrenstift Herrenchiemsee hatte noch die Hand darauf.

Aschau war diesem „incorporiert", also „einverleibt". Daher durften sich auch die hier tätigen Geistlichen – bis zur Säkularisation durchwegs Chorherren vom Stift – nicht Pfarrer, sondern nur Pfarrvikare nennen. 1806 wurde Aschau, wie auch Sachrang und Frasdorf, eine eigenständige Pfarrei.
Die ursprünglich eintürmige Kirche wurde 1904 auf Veranlassung von Theodor von Cramer-Klett d.J. wesentlich umgestaltet. Die gesamte Ostpartie, also Chor und Sakristei, wurden abgebrochen, ein zweiter, mit dem bisherigen baugleicher Turm wurde errichtet, der Chor vergrößert und mit einem Umgang versehen, in dem unter anderem die Sakristei untergebracht war. Die bisherige Einrichtung blieb zunächst erhalten.

1929 wurde der erst vor 25 Jahren errichtete neue Chor wieder umgebaut, ein neues Gewölbe eingezogen und die reiche neubarocke Stukkatur größtenteils wieder entfernt. Gleichzeitig beschaffte man den heute noch vorhandenen Hochaltar, finanziert von Baron Cramer-Klett. Es handelt sich um einen aus braunrotem Stuckmarmor gefertigten Aufbau, der sich an barocke Vorbilder anlehnt.

Unter den Seitenfiguren befinden sich die Wappenkartuschen der Stifter, Theodor Freiherr von Cramer-Klett und seiner Gemahlin Anni Freiin von Würtzburg. Die Marienfigur auf dem Dachfirst des Chores ist eine aus Metall getriebene und vergoldete neubarocke Arbeit von 1904/05. Der Taufstein aus rotem, weiß gesprenkeltem Adneter Marmor stammt aus dem Jahr 1674, eine bedeutende Salzburger Arbeit.

Nachdem auch in Aschau wie in allen Kirchen die Glocken 1917 für Kriegszwecke abgeliefert werden mussten, beschaffte man 1920 vier neue, diesmal aus Stahl. Neben Baron Cramer-Klett trat hier auch Konsul Dr. Karl Kotzenberg, der einen Teil der herrschaftlichen Jagd und das Anwesen „Winterstube" gepachtet hatte, als großzügiger Spender in Erscheinung. Die größte Glocke war so schwer, dass sie von drei Männern geläutet werden musste. Hierfür war, zum Beispiel bei Beerdigungen oder Hochzeiten, ein extra Beitrag von fünf Mark zu entrichten.

Trotzdem läutete die große Glocke nicht nur für Wohlhabende. Sepp Meier, ein armer Taglöhner aus Frasdorf, zuletzt im Krankenhaus Aschau, hatte sich diesen Betrag aufgespart und unterm Kopfkissen sorgfältig verwahrt. So bekam auch er dann bei seiner „Leich" ein festliches Geläut.

Nicht nur größere Gasthöfe, auch Bauernhäuser sind oft schön bemalt und geschmückt. Der frühere Hofwirt in Niederaschau (gegenüber) erhielt seine äußere Form im Wesentlichen 1856, als ein zweites Obergeschoss errichtet wurde. Von 1801 bis 1940 war er im Besitz der Familie Rest, heute „Residenz Heinz Winkler“.
Das Keil-Anwesen (oben) ist 1882 abgebrannt und wurde daraufhin vollständig neu aufgebaut. 1912 kam der Familienname Kirner auf den Hof.

HOTEL POST
Hotel Post Nieder Aschau

Als die Prientalorte mit der Vizinal-Bahn Prien—Aschau Verbindung zum internationalen Bahnnetz bekamen, war das ein besonderes Ereignis. Die Eröffnung war am 18. August 1878. Natürlich wurde das auch 135 Jahre später geziemend gefeiert.

Sowohl Gebirgsschützen wie Musikkapelle haben einen hohen Stellenwert in der Gemeinde Aschau. Dies gilt besonders auch für die Trachtenvereine. Seit der Gemeindezusammenlegung von 1966 verfügt Aschau über zwei solche Vereine. Im Gegensatz zu den Hohenaschauer „Griabinga", die bereits 1884 gegründet wurden, sind die Niederaschauer „Edelweißer", die es seit 1905 gibt, noch recht „jung". Bei Letzteren sind auch viele Umrathshauser als Mitglieder.

Beim Daurer in Haindorf wird noch jährlich eine Kirta-Hutschn aufgebaut. Seit 1866 wird ja Kirchweih in allen Kirchen gleichzeitig am dritten Sonntag im Oktober gefeiert. Bis dahin hatte jedes Gotteshaus seine eigene Feier, oft sogar mehrmals im Jahr. Das waren wichtige Unterbrechungen im harten Alltagsleben, die ausgiebig begangen wurden. Neben Belustigungen für Kinder zeichnete sich Kirchweih früher vor allem durch reichhaltiges Essen und eine Tanzveranstaltung aus, was ja noch im 19. Jahrhundert ganz was Rares war und fast nur auf Hochzeiten stattfand.

Hand in
Hand · Jung und Oid
mitanand

Der Bärnsee gehört mit seinen umliegenden Feuchtflächen zu einem Landschaftsschutzgebiet. Entstanden ist er gegen Ende der Eiszeit, als die hufeisenförmigen Moränen des Priengletschers eine Art Staumauer bildeten. Der Boden ist mit Ton abgedichtet und verhindert das Versickern des Wassers. Ursprünglich war der See viel größer; auch heute schreitet die Verlandung noch stark voran. Alle Arten von Mooren sind hier vertreten: Nieder- und Hochmoore, Übergangsmoore und Quellmoore. Zu den Hochmooren sagt man übrigens im Bairischen „Filze“, zu den Niedermooren „Moos“. Hochmoore oder Filzen sind die, in denen man früher Torf gestochen hat.
Friedrich von Obernberg, der 1797 das Aschauer Tal bereist hat, schreibt zum Bärnsee, dass sich hier „Waller, Hechte, Rotaugen und Weißfische“ nährten. Das „Abzugswasser“ sei reich an Krebsen und „nennet sich daher Krebsbach“.
Bemerkenswert sind die an den Hängen sowohl auf der Göttersberger wie auch auf der Höhenberger Seite wachsenden ausgesprochen schönen, zum Teil uralten Buchenwälder.

Neben dem Klöpfl-Gehen ist der Brauch, dass Kinder als „Heilige Drei Könige“ von Haus zu Haus gehen, ein Gebet aufsagen oder singen, auch im Computerzeitalter noch üblich. Dabei wird für einen guten Zweck gesammelt und die Inschrift über den Haustüren „C+M+B“, volkstümlich als die Anfangsbuchstaben der Drei Könige gedeutet, mit der jeweiligen Jahreszahl aktualisiert. Jeder weiß natürlich, dass es sich dabei um den lateinischen Segensspruch „Christus mansionem benedicat“ (Christus segne dieses Haus) handelt.

Nicht ganz so alt ist die Gewohnheit, das neue Jahr mit einem Feuerwerk zu begrüßen. Das konnten sich früher nur Königs- und Fürstenhäuser leisten.

Eine ungewohnte Perspektive auf die Kampenwand und den Chiemsee. Während es sich bei Ersterer um eine uralte geologische Formation handelt, aus den Ablagerungen von Kalkpartikeln entstanden und bei der Alpenfaltung emporgehoben, ist das Chiemseebecken erdgeschichtlich gesehen eine recht junge Erscheinung.

In den vier Eiszeiten der letzten Million Jahre, vor allem aber in der jüngsten, der „Würm-Eiszeit", die erst um 10 000 vor Christi Geburt geendet hat, ist diese Beckenlandschaft geschaffen worden. Der Chiemsee selbst reichte damals bis zum unmittelbaren Alpenrand. Er war fast viermal so groß wie heute. Durch Materialeintrag und Verlandung schreitet die Verkleinerung des Sees immer noch voran. Ungefähr hinter dem Gipfelkreuz der Kampenwand kann man auf dem Bild das Delta der Tiroler Ache und die Hirschauer Bucht erkennen.

Hier spielten und spielen sich die größten Veränderungen ab. Bis ins 17. Jahrhundert lagen die Ortschaften Grabenstätt, Hirschau, Winkl und Sossau noch unmittelbar am Wasser. Dann, bei einem gewaltigen Hochwasser im Jahr 1672, durchbrach die Ache nahe dem Westabhang des Osterbuchbergs, ungefähr bei der heutigen Eisenbahnüberführung, ihr bisheriges Bett und suchte sich einen neuen Weg in Richtung Grabenstätt.

Den bisherigen Grabenstätter Seewinkel hat sie dann in den folgenden Jahrhunderten vollständig zugeschwemmt. Bei jedem Hochwasser suchte sich die Ache wieder ein neues Bett. Ganz große Veränderungen gab es schließlich, als zwischen 1902 und 1904 die Alz zwischen Seebruck und Pullach ausgebaggert und so der Seespiegel um 60 Zentimeter abgesenkt wurde.

Die Kapelle auf Schloss Hohenaschau befindet sich immer noch im Eigentum der Familie Cramer-Klett. Baron Theodor d.J. hat sie im Zusammenhang mit dem Schlossumbau umfassend renovieren und erneuern lassen. Der Münchner Erzbischof Franz Joseph von Stein konnte sie 1908 neu konsekrieren. Einen Gegensatz zu dieser höfisch-eleganten, kunstgeschichtlich bedeutenden Kirche bilden die vielen bäuerlich-schlichten Kapellen im oberen Priental, wie etwa die bei Höhenberg, oberhalb vom Café Pauli.
Eingerahmt wird dieses Bauwerk aus der Zeit um 1700 von zwei mächtigen Sommerlinden, die sie fast zu erdrücken scheinen. Das Innere zeigt eine volkstümliche Kreuzigungsgruppe und Gottvater in Halbfigur mit zwei Engelsköpfen.

Frasdorf

Frasdorf gehörte seit jeher als eigene Verwaltungseinheit, als „Amt“ oder „Hauptmannschaft“, zur Herrschaft Hohenaschau. Entgegen der weitverbreiteten Meinung, der Ortsname hätte etwas mit der Nahrungsaufnahme zu tun, geht er auf einen frühmittelalterlichen Personennamen zurück. In einer Freisinger Urkunde, die zwischen 876 und 883 ausgestellt wurde, heißt es „Froolfesdorf“, das Dorf des Froholf (den Namen hat es im Mittelalter tatsächlich gegeben). Dann hören wir 250 Jahre nichts mehr. 1135 erscheint der Ort als „Fradalsdorf“ in einer Urkunde. Dies galt lange als erste Erwähnung, wobei die Forschung immer schon der Meinung war, dass es sich bei Orten mit der Endung „-dorf“ um Gründungen adeliger Grundherren des 8. und 9. Jahrhunderts handelt.

Zum Zeitpunkt der erstmaligen Nennung haben die Orte in der Regel schon längere Zeit bestanden. Erwähnt werden sie meistens erst, wenn sie von ihrem Gründer oder Eigentümer an eine Kirche oder ein Kloster verschenkt werden, oder anlässlich eines sonstigen Rechtsgeschäfts. 1156 kamen 26 Höfe in Frasdorf und Umgebung durch Schenkung zum Kloster Baumburg, wo sie bis zur Säkularisation verblieben. In den folgenden 300 Jahren erscheint Frasdorf fast in jeder Urkunde unter einem anderen Namen – man schrieb ja nur nach dem Gehör: Fradelstorf, Fradilsdorf, Frautildesdorf, Fradisdorf, Vralsdorf, Vroslsdorf, Vrosdorf. Die Gerichtsherrschaft über Frasdorf übten nie die Klöster, die hier Besitzungen hatten, sondern immer die Herren auf Schloss Hohenaschau aus.

Diese hatten auch als Grundherren mit insgesamt 52 Höfen den größten Einfluss. Im Mittelalter gab es zwei kleinere lokale Adelsgeschlechter, die Herren von Geyerspühel (heute Gasbichl) und die Gundrichinger (heute Ginnerting). Bis Mitte des 19. Jahrhunderts existierte neben Frasdorf noch Walkerting als „Gemeinde“. 1978 wurde durch die Zuteilung von Umrathshausen (nördlich der Autobahn) und des südlichen Teiles von Wildenwart die heutige Gemeinde gebildet.

Der Hauptorte Frasdorf und Westerndorf, früher annähernd gleich große Dörfer, liegen in einem in West-Ost-Richtung verlaufenden Tal. Die südliche Begrenzung bilden die Vorberge, die nördliche ein etwa 30 Meter hoher Moränenzug. Das Eis des Inngletschers, das über den Samerberg herübergekommen ist und sich bei Höhenberg und Umrathshausen mit dem Priengletscher getroffen hat, ist für die Ausformung der Landschaft in erster Linie verantwortlich.

Die vor größeren Überflutungen geschützte Lage begünstigte die frühzeitige Ansiedlung stattlicher Bauernanwesen. Dagegen wurden höher gelegene Plätze, die durch die Hangneigung und ungünstigere Witterungseinflüsse schwieriger zu bewirtschaften waren, erst ab dem 12. Jahrhundert besiedelt. Die Klöster, vor allem Herrenchiemsee, förderten hier gezielt die Ansiedlung von „Schwaigen". Das waren reine Grünlandbetriebe, die an das Kloster Käse zu liefern hatten. Käse war in früheren Zeiten neben Schmalz die einzige Möglichkeit, Milch für längere Zeit zu konservieren, und daher entsprechend wertvoll.

Das im Osten von Frasdorf gelegene Dorf Umrathshausen hieß 957 „Hunprethashusa", was so viel heißt wie Haus oder Heim des Hunpreth. In den folgenden Jahrhunderten bestimmte das Adelsgeschlecht der „Herren von Umrathshausen" die Geschicke, später traten an ihre Stelle die Giebinger und die Gundrichinger (jeweils mit einem Sitz in Leitenberg), bis schließlich Mitte des 16. Jahrhunderts die Herren von Freyberg auf Hohenaschau die Besitzungen der Ortsadeligen erwarben. Wie Frasdorf gehörte auch Umrathshausen immer zur Herrschaft Hohenaschau. Der Ortsteil Leitenberg, inzwischen fast größer als Umrathshausen selber, gehört dem Namen nach in die Gruppe der Orte, die beim „Siedlungsausbau" im 8./9. Jahrhundert gegründet wurden. Auch die geografische Lage spricht für ein hohes Alter. In den Urkunden lesen wir davon allerdings erst 1180. „Litenperc" schrieb man damals. Der älteste Ort der ehemaligen Gemeinde Umrathshausen ist wohl Wilhelming, als echter „Ing-Ort". Solche Orte gehen auf die Zeit zurück, als einwandernde germanische Volksgruppen in besonders günstigen Lagen Siedlungen errichteten. Man gab ihnen dann den Namen ihres Familienoberhauptes oder Anführers mit dem Anhägsel „ing", was so viel bedeutet wie (in unserm Fall) „bei den Leuten des Wilhelm" oder „die Siedlung des Wilhelm". Auch Dösdorf, das Dorf des „Tepizzo", weist ins Frühmittelalter zurück.

Die Kirche Hl. Blut von Umrathshausen hatte jahrhundertelang große Bedeutung als Wallfahrtskirche. Es soll früher auch eine Heilig-Blut-Reliquie vorhanden gewesen sein. In einer Kriegszeit, so die Volksüberlieferung, hätten drei Männer die Reliquie mit ihrem goldenen Gefäß vergraben, seien aber den Feinden ausgeliefert und getötet worden, da sie das Versteck nicht verraten hätten.

Gasthaus Obholzer
ASTHOF Zum Bräu

In alten Haustüren finden sich nicht nur Beispiele früherer Handwerkskunst, sondern auch Zeugnisse echter Volksfrömmigkeit. In der Haustür des Lenz von Ried (Bild rechts) ist der Spruch eingeschnitzt: „Nicht ist auf Erd, das ewig wert, als Gottes Wort, dauert ewig fort.“

Auf eine besonders interessante Haustüre trifft man beim Schuster in Leitenberg. In den Türrahmen aus Sandstein ist der sogenannte „Zacharias-Segen“ eingemeißelt, die lateinischen Anfangsbuchstaben eines alten Gebetsspruches gegen die Pest, verfasst von Bischof Zacharias von Jerusalem.

Der Frasdorfer Kirchturm ist mit seinen 58 Metern zwar nicht der höchste, aber einer der spitzigsten weitum. Er ist wohl dem der Priener Kirche nachempfunden. Schließlich hat der Pfarrsprengel Frasdorf bis zum Jahr 1680 mehrere Jahrhunderte hindurch zur Pfarrei Prien gehört, wobei Prien auch wiederum nicht ganz selbstständig, sondern eine sogenannte Klosterpfarrei des Augustiner-Chorherrenstifts Herrenchiemsee war. Darum waren die Priener Pfarrer durchwegs Chorherren. Frasdorf wurde wie Umrathshausen jeweils vom ersten Priener Kooperator versorgt. Dieser musste jedes Mal extra anreisen. Man kann sich das kaum vorstellen, wenn man bedenkt, dass damals alle Kinder in der Regel noch am Tag der Geburt getauft werden mussten. Pro Jahr war das damals etwa 30 bis 40 Mal der Fall. Dazu kamen fast ebenso viele Beerdigungen.

Erst 1680, als Frasdorf eine Expositur der neuen Pfarrei Aschau wurde, errichtete man hier eine eigene Priesterwohnung und der für Frasdorf und Umrathshausen zuständige Geistliche konnte dauerhaft hier wohnen. Der Frasdorfer „Expositus", jeweils ein Herrenchiemseer Chorherr, hatte 1200 Seelen zu versorgen. Er bekam vom Kloster keine eigene Vergütung, durfte aber die vorhandene kleine Ökonomie mit drei Tagwerk Ackerland und drei Tagwerk Wiesen nutzen. Neben freier Wohnung genoss er zum Lebensunterhalt vom Gotteshaus jährlich zwölf Metzen Korn sowie fünf Gulden, aus der Sammlung der Pfarrangehörigen 60 Metzen Hafer und 45 Pfund Hanf und Flachs, vom Pfarrer zu Aschau, dem er an bestimmten Tagen aushelfen musste, 40 Gulden. Schließlich durfte er die gesamte „Stol", das sind die Gebühren für kirchliche Dienstleistungen, in Höhe von 200 bis 300 Gulden behalten.

Ab Gründung der Marianischen Bruderschaft Frasdorf im Jahr 1760 wurde er für deren besondere Feste, zu denen auch auswärtige Geistliche kamen und verpflegt werden mussten, aus dem Bruderschaftsvermögen mit 45 Gulden gesondert entlohnt.

An den Hängen des Sagberges lag bis vor wenigen Jahrzehnten die Einöde Waizenreit. Der Name ist nicht etwa von Weizen abgeleitet – Getreideanbau war hier immer schwierig –, sondern von einer Person namens „Wazzo". Es handelt sich somit um die Rodung des Wazzo. Der Waizenreiter hat immer zu den wohlhabenderen Bauern gehört, schließlich waren eine Alm und nicht wenig Holz dabei.

Berühmtheit erlangte der Hof schließlich, als plötzlich Mitglieder des bayerischen Königshauses dort verkehrten. Vom nahen Wildenwart aus kam Herzogin Adelgunde von Modena des Öfteren und mit ihr ihre Brüder König Max II. und Prinzregent Luitpold sowie deren Vater König Ludwig I. (Letzterer freilich erst nach seiner Abdankung). Grund dieser Besuche war das „Waizenreiter Mädei", die Frasdorfer Wassertrinkerin, die 52 Jahre hindurch von nichts anderem als von Wasser lebte.

Die Dorfjugend lässt es sich nicht nehmen, jedes Jahr um den Peterstag (29. Juni) herum ein riesiges Feuer anzuzünden. Wochenlang wird schon aus den Wäldern das bei Durchforstungen und anderen Waldpflegemaßnahmen angefallene Material zusammengefahren und aufgerichtet. Auch eine Strohpuppe, die nach gängiger Meinung den Winter symbolisieren soll, wird aufgestellt und mitverbrannt. Offensichtlich schlummern halt immer noch heidnische Wurzeln in uns.

Auch der Brauch, an Weggabelungen Zeichen und Symbole aufzurichten, dürfte schon auf vorchristliche Zeit zurückgehen. Dazu kamen später Gedenksäulen und Marterl, die an besondere Ereignisse, meistens Unglücksfälle, erinnern sollen.

Gelegentlich finden sich auch Bildstöckl und kleine Kapellen, die aus Dankbarkeit, etwa für die glückliche Rückkehr aus dem Krieg, errichtet wurden. Rund 100 solcher Beweise echter Volksfrömmigkeit finden sich im Frasdorfer Gemeindebereich.

„Wetterkreuze" sind nicht selten mit gusseisernen Christus- und Marienfiguren aus der ehemaligen Maxhütte in Bergen versehen. Markante Bäume, häufig Linden, schaffen vielen Kreuzen eine besondere Aufmerksamkeit und bieten Schutz.

In den 1930er-Jahren sah man sich veranlasst, die Frasdorfer Pfarrkirche zu vergrößern. Sie war zu klein geworden. An der Westseite der „alten" Kirche befand sich der Eingang, geschützt durch einen eigenen Vorbau, in dem nach dem Ersten Weltkrieg auch das Kriegerdenkmal untergebracht war. Die beiden Emporen mitsamt der Orgel mussten abgebrochen werden, die Rückwand wurde entfernt und die Kirche um ein Joch, etwa fünfeinhalb Meter, verlängert.
Bei dieser Gelegenheit wurde auch die hölzerne Außentreppe entfernt, die gegenüber der Friedhofskapelle zur Empore geführt hat. Zur Empore sagt man hier übrigens „Bachkirche", mit dunklem, fast wie o klingendem a, von „Emporkirche" abgeleitet. Die 1854 überstrichenen spätbarocken Deckenfresken im Langhaus und im Chorraum wurden in diesem Zusammenhang wieder aufgedeckt.

Die Kranzererleute in den „Hinteren Berghäusern" waren fromme Leute. Aus Dankbarkeit für die glückliche Heimkehr der Buben vom Ersten Weltkrieg wurde das Marterl errichtet, das auf der gegenüberliegenden Seite unten zu sehen ist. Beim Kranzerer war mehrere Hundert Jahre hindurch eine der zahlreichen Nagelschmieden innerhalb der Herrschaft Hohenaschau angesiedelt. Das Gebäude, in dem dieses Handwerk ausgeübt wurde, ist noch erhalten. Der Betrieb wurde mit mehreren Gesellen bewerkstelligt; von der kargen Landwirtschaft allein hätte man nicht leben können.

Das Rohmaterial wurde von Aschau her über die Lederstube und Stüblach antransportiert. Kranzl ist aber noch aus mehreren anderen Gründen erwähnenswert: Seit 1876 waren die Kranzererleute zugleich so eine Art Forstwarte, die zeitweise auch im Forsthaus in Obersoilach lebten. Alte „Kulturer" (Kulturarbeiter bei der Cramer-Klett'schen Forstverwaltung) erinnern sich noch, wie beim Kranzerer samstags der Wochenlohn ausgezahlt wurde. Die Kranzererbuben Sepp, Michl, Hans und Lois, die zwischen 1881 und 1898 auf die Welt kamen, waren nicht nur sehr musikalisch und haben in verschiedenen Formationen Musik gemacht, sie waren auch auf anderen Gebieten sehr fortschrittlich. So besaß Michl als einer der Ersten weitum ein Motorrad. Schon als Jugendliche haben sie fotografiert und die Bilder auch selber entwickelt. Von ihnen sind die ersten Aufnahmen erhalten, die nicht wie damals üblich in einem Fotoatelier aufgenommen wurden.

Auch Bilder vom bäuerlichen Leben und Arbeiten sind darunter. Als Michl, der im Tonwerk Acherting Buchhalter war, sich mit einer der dort beschäftigten Italienerinnen, Josefine Cimbaro, verheiraten wollte, wurde es der Kranzerermutter zu viel. Als der Pfarrer das Aufgebot eines Sonntags von der Kanzel herunter verkündete, stand sie von der Kirchenbank auf, raffte ihren Rock zusammen und verließ geräuschvoll und ziemlich erregt die Kirche. Die beiden haben aber dann trotzdem geheiratet und die Mutter hat wohl auch irgendwann ihren Segen dazu gegeben.

In ihrer Leidenschaft für das Almwesen werden die Frasdorfer höchstens noch von den Söllhubnern übertroffen. Obwohl im Gemeindegebiet nur einige Niederalmen liegen, treiben rund ein Dutzend Bauern Vieh auf eine Alm. Da gilt es zu unterscheiden zwischen Privatalmen, auf denen der Eigentümer eigenes oder fremdes Vieh auftreiben kann und keiner Einschränkung unterliegt, weiters Berechtigungsalmen, bei denen der Grundbesitz beim Staatsforst oder bei Baron Cramer-Klett liegt und die Bauern nur ein Weide- und Kaserhaltungsrecht haben, sowie schließlich Pachtalmen, die als Ganzes an einen Dritten verpachtet werden.

Trotz einigermaßen brauchbarer Erschließung, trotz Solaranlagen und Stromaggregaten, trotz Wasserpumpen und Melkmaschinen, wie sie vereinzelt anzutreffen sind, ist die Almbewirtschaftung immer noch eine sehr zeitraubende und umständliche Sache. Auch wenn nur Jungvieh auf der Alm ist und keine Milchwirtschaft mehr betrieben wird, erfordern die tägliche Viehnachschau, das Zaununterhalten, die Pflege der Wasserläufe, das Mähen von Disteln und Bletschen und dergleichen nicht wenig Aufwand. Freilich bleibt immer noch Zeit, sich gelegentlich mit einem Gast zu unterhalten oder sich zu einem „Hoangascht" zusammenzufinden. Aber auch Hilfeleistungen beim Suchen, Heimtreiben oder Bergen abgängiger, kranker, verletzter oder verunglückter Tiere gehören dazu. Bei einigen Almen, die schnell erreichbar und recht übersichtlich sind, lässt sich die Bewirtschaftung ganz gut auch von zu Hause aus erledigen.

Der „Flori-Winkel“, der seinen Namen nach der Kirche St. Florian hat, ist etwas Besonderes. Nicht nur weil er mit der ehemaligen Wallfahrtskirche und der dazugehörigen Brunnenkapelle ein besonderes Kleinod besitzt, sondern weil es mit seinen Bewohnern eine Bewandtnis hat, wie es bei diesem Spruch zum Ausdruck kommt: „Der Hendenhamer ist ein lebendiger Wildenwarter und ein gestorbener Frasdorfer“. Das soll heißen, die Hendenhamer und die gesamten Bewohner des Flori-Winkels gehören politisch zu Wildenwart (zumindest war das bis zur Gemeindegebietsreform so), kirchlich aber – und das wird besonders beim Begräbnis deutlich - zu Frasdorf. Diese kirchliche Zugehörigkeit zu Frasdorf hatte natürlich schon ihren Sinn, waren doch die nächsten Kirchen weit entfernt in St. Salvator und in Prien.

Während also die Bewohner des Gebietes bis einschließlich Hierankl und Öd pfarrlich zu Frasdorf gehörten, war die Zuständigkeit für das Gotteshaus St. Florian bis 1830 bei der Pfarrei Prien. Erst damals wurde sie „umgepfarrt“. Jetzt konnte man von Priener Seite zustimmen, denn seit der Säkularisation war das Wallfahrtswesen zum Stillstand gekommen und die Einnahmen waren versiegt. Vorher brachte das Wallfahren Kirchen wie St. Florian nicht unerheblichen Reichtum. Die dortige Kirchenstiftung zählte weitum zu den wohlhabendsten und die Kirchpröbste konnten immer wieder nennenswerte Darlehen, natürlich gegen ordentlichen Zins, vergeben. Nicht nur die Wallfahrer spendeten Geld und Naturalien; es gab auch immer wieder Stiftungen und Schenkungen größeren Umfanges.
Die St. Florianskirche hatte früher zwei Kirchweihfeste: am Sonntag nach Jakob und Anna (25. Juli) sowie am Sonntag nach Michaeli (29. September). Dazu gehörte jeweils ein großes Jahrmarkttreiben mit Buden und Verkaufsständen.

INRI

Selbst wenn die Wildenwarter Kirche um 1900 schon bestanden hätte, auf der alten Postkarte gegenüber wäre sie nicht zu sehen. Sie steht nämlich auf einem Hügel im Norden des Dorfes, deutlich von diesem abgesetzt. Errichtet wurde sie 1933/34. Ein rühriger Kirchenbauverein hat sich dafür eingesetzt, unterstützt vom bayerischen Adel, der für das letzte Königspaar eine Erinnerungsstätte haben wollte.
So befindet sich auch auf dem Hochaltarbild zu Füßen von Jesus als „Christkönig" je ein Bild von König Ludwig III. und Königin Marie Therese. Kardinal Michael von Faulhaber hat persönlich am 15. Juli 1934 die Weihe der Kirche vorgenommen. Bis dahin mussten die Wildenwarter, sofern nicht ein Schlossgeistlicher anwesend war und in der kleinen Schlosskapelle Gottesdienst gefeiert hat, bis nach St. Salvator oder Prien zur Kirche gehen.

Schloss Wildenwart, ursprünglich eine „Warte in der Wildnis“, wohl zum Schutz des Prienüberganges um 1200 errichtet, kam um 1400 an die Herzöge von Bayern-Landshut. Ab 1500 waren verschiedene Besitzer auf der Herrschaft, längere Zeit blieb sie mit Hohenaschau vereinigt. Interessant wird es 1862. In diesem Jahr wird Wildenwart „habsburgisch“. Herzog Franz V. von Modena, Erzherzog von Österreich-Este, einer habsburgischen Seitenlinie, erwirbt das heruntergekommene Gut und das halb verfallene Schloss, renoviert, pflegt und erweitert den Besitz beträchtlich.
Wildenwart wird Sommersitz des Herzogspaares und nach dem frühen Tod von Herzog Franz im Jahr 1875 vor allem von seiner Frau, Herzogin Adelgunde. Mit Adelgunde, einer geborenen Prinzessin von Bayern und Tochter von König Ludwig I., kam die Familie ihres Neffen, des Prinzen Ludwig, des späteren Königs Ludwig III., nach Wildenwart.

Heute lebt Herzog Max in Bayern mit seiner Familie auf Schloss Wildenwart. 1977 hatte er es von seiner Großtante, Prinzessin Helmtrud von Bayern, geerbt. Die Besitzverhältnisse seit dem Tod von Herzog Franz von Modena im Jahr 1875 sind nicht ganz unkompliziert. Erbe war zunächst Prinz Alfonso von Spanien, der nächste männliche Verwandte des Herzogs. Da dieser an Wildenwart kein Interesse hatte und es politisch damals wohl auch nicht opportun war, dass ein spanischer Bourbone Besitz in Deutschland hatte, verkaufte er es an seine Cousine Marie Therese, die Frau von Prinz Ludwig von Bayern, des späteren Königs Ludwig III. Adelgunde hatte ein lebenslanges Nutzungsrecht. So kam es, dass Wildenwart als reiner Privatbesitz der Königsfamilie auch nach der Revolution vom November 1918 nicht enteignet wurde und als Zufluchtsort für die aus München vertriebenen Wittelsbacher dienen konnte.

Völlig überstürzt war man in der Nacht vom 7. auf den 8. November hierher geflohen. Nachdem die Königin im Februar 1919 und der König zwei Jahre später verstorben war, wurden ihre unverheirateten Kinder Eigentümer von Wildenwart. Bis 1924 wohnten hier die Prinzessinnen Wiltrud, Hildegard und Helmtrud, nach der Heirat von Wiltrud dann nur noch die letzteren beiden. Sie lebten im Wesentlichen von der Land- und Forstwirtschaft, Hildegard betrieb auch eine Hundezucht für Foxterrier, bis sie 1948 verstarb. Die einzige Bewohnerin war dann noch Prinzessin Helmtrud, von einigen wenigen Bediensteten umgeben. Als sie 1977 starb, wollte sie im Wildenwarter Friedhof beerdigt werden, wo ihr Grab noch heute in Ehren gehalten und häufig besucht wird.

CHIEMGAU-ALPENVERBAND FÜR TRACHTENSITTE
1926
1984
Unserem Patengau zum Dank gewidmet vom Altbayrisch-Schwäbischen Gauverband Augsburg 25.6.1995
GAU-AUSSCHUSS

Zur Erinnerung an die Fahnenweihe 4.9.1977 gew. von der Fahnenmutter
Rita Schweiger
u. Krieger Verein
Unseren Verstorbenen zur Ehre
Schützen
1891
Gebirgs
Bayern Gemeinde Wildenwart
1973

Der Trachtenverein „Die lustigen Wildenwarter“ wurde 1903 gegründet. Anlass war ein Streit zwischen den nördlichen und südlichen Gemeindeteilen, den Atzingern und den Wildenwartern. Das führte dazu, dass man sich von dem bereits 1897 entstandenen gemeinsamen Trachtenverein löste. Wildenwart hatte jetzt also zwei Vereine. Für eine kleine Gemeinde mit damals etwa 800 Einwohnern war das schon ungewöhnlich, noch dazu wo die Bewohner vom „Flori-Winkel“, die ja kirchlich und schulmäßig zu Frasdorf gehörten, teilweise zu den dortigen Vereinen tendierten. Heute sind beide Vereine stark und aktiv. „Die lustigen Wildenwarter“ haben 2013 das Gaufest des Chiemgau-Alpenverbandes ausgerichtet.

Von den Ortsteilen, die heute innerhalb der Gemeinde Frasdorf die Gemarkung Wildenwart bilden, ist der älteste Greimelberg. Schon 927 ist er als „Grimhiltaperga“, also der Ort der Krimhild, genannt. Auch Hendenham (Heim des Hatto) sowie Brandenberg (Berg des Brando) und Röselsberg (Berg des Rossolt) gehören zu den älteren Orten. Hierzu ist wohl auch Niesberg zu zählen, wobei man nicht weiß, welcher Name dahintersteckt. Stupfa bedeutet „inmitten gelegen, Mittelpunkt“. Die meisten übrigen Ortsnamen sind von Wald, Holz und Rodung abgeleitet. So ist Mönibuch eine Möchssiedlung im Buchenwald, Pfifferloh der Wald, in dem Pfifferlinge wachsen, die „Reit“-Orte kommen von Rodung.

Josef Reiter (links) ist durch eine Vielzahl von Bildbänden und Kalendern als meisterhafter Fotograf bekannt geworden. Als einheimischer Bauerssohn hat er sich den Blick für das Besondere von Land und Leuten im Priental bewahrt.

Rupert Wörndl (rechts), gelernter Forstmann, hat sich der Erforschung der Heimatgeschichte verschrieben. Sein besonderes Interesse gilt den zahlreichen Almen des oberen Prientales und seiner Nachbargebiete.